SOMMAIRE

La nature	2
Les animaux	6
La nourriture	18
La famille	28
Les vêtements	30
Les métiers	34
Les sports	36
Les jeux	38
Le cirque	40
Les instruments de musique	41
La ferme	42
Les habitations	44
Dans la chambre	45
Dans le salon	46
Dans la salle de bains	48
Dans la cuisine	50
Dans la buanderie	53
À l'école	54
Les moyens de transport	56
Dans la ville	59
Les objets de tous les jours	62
Les outils	64
En vacances	66
Dans les livres d'histoires	69
Index	72

MON DICO

**FRANÇAIS
ANGLAIS
ESPAGNOL**

La nature
Nature • La naturaleza

la forêt
the forest
el bosque

la tulipe
the tulip
el tulipán

la fougère
the fern
el helecho

les icebergs
the icebergs
los icebergs

la montagne
the mountain
la montaña

le soleil
the sun
el sol

le coquelicot
the poppy
la amapola

Les saisons
The seasons • Las estaciones

le printemps
spring
la primavera

l'été
summer
el verano

l'automne
autumn
el otoño

l'hiver
winter
el invierno

le volcan
the volcano
el volcán

la rose
the rose
la rosa

Les animaux
Animals • Los animales

le chat
the cat
el gato

le chien
the dog
el perro

l'oie
the goose
la oca

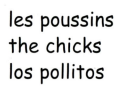
les poussins
the chicks
los pollitos

le coq
the cock
el gallo

la poule
the hen
la gallina

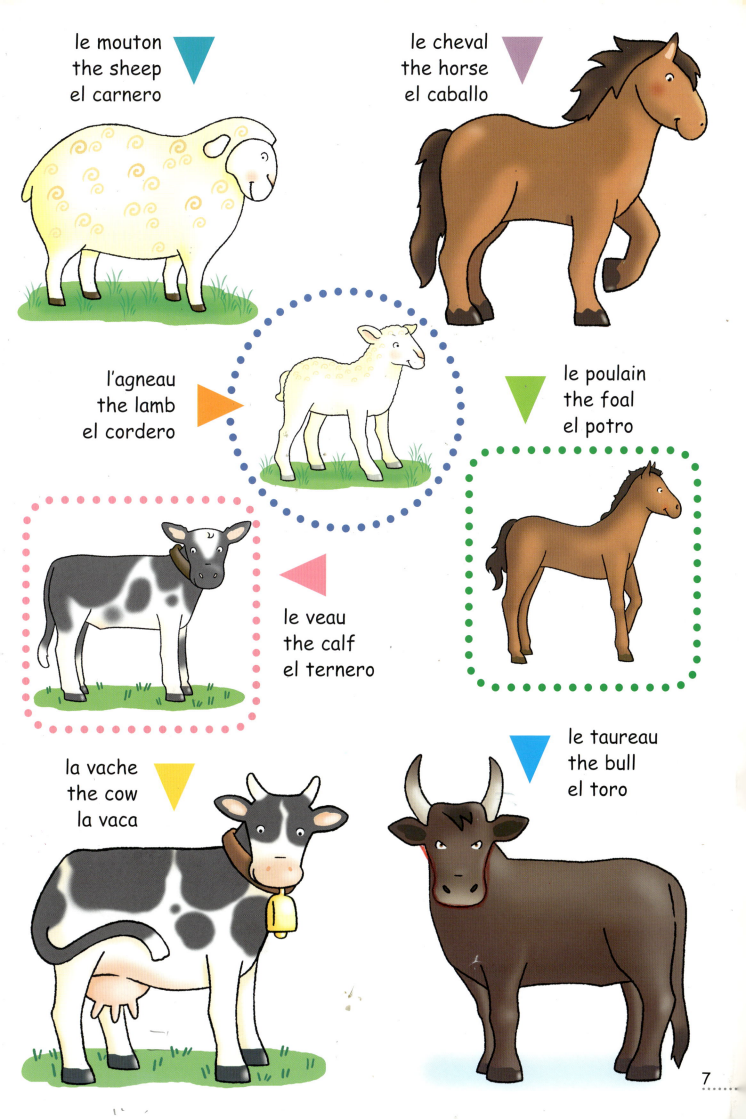

l'hippopotame
the hippopotamus
el hipopótamo

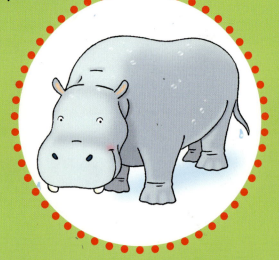

l'éléphant
the elephant
el elefante

les chevreaux
the kids
los cabritos

le canari
the canary
el canario

le singe
the monkey
el mono

la chèvre
the goat
la cabra

l'âne
the donkey
el asno

la girafe
the giraffe
la jirafa

le lion
the lion
el león

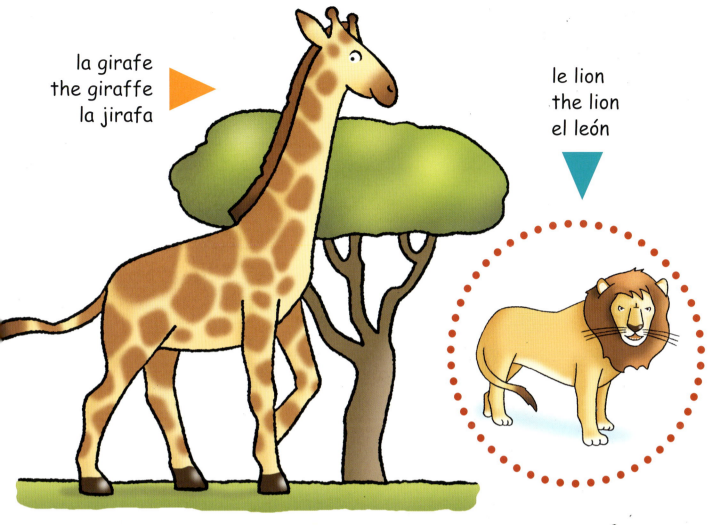

le zèbre
the zebra
la cebra

le crocodile
the crocodile
el cocodrilo

le rhinocéros
the rhinoceros
el rinoceronte

le tigre
the tiger
el tigre

le crabe
the crab
el cangrejo

la baleine
the whale
la ballena

le homard
the lobster
la langosta

le dauphin
the dolphin
el delfín

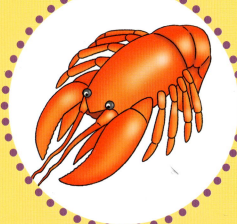

la grenouille
the frog
la rana

l'étoile de mer
the starfish
la estrella de mar

11

le serpent
the snake
la serpiente

le chameau
the camel
el camello

l'ours brun
the brown bear
el oso pardo

la sauterelle
the grasshopper
el saltamontes

le dromadaire
the dromedary
el dromedario

le papillon
the butterfly
la mariposa

la marmotte
the marmot
la marmota

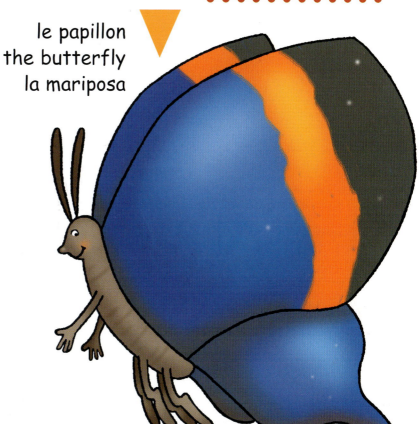

13

le toucan
the toucan
el tucán

l'hirondelle
the swallow
la golondrina

le flamant rose
the flamingo
el flamenco rosa

le perroquet
the parrot
el loro

le hibou
the owl
el búho

l'aigle
the eagle
el águila

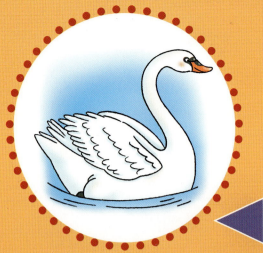

le renne
the reindeer
el reno

le cygne
the swan
el cisne

le lapin
the rabbit
el conejo

le phoque
the seal
la foca

les manchots
the penguins
los pingüinos

l'ours blanc
the polar bear
el oso polar

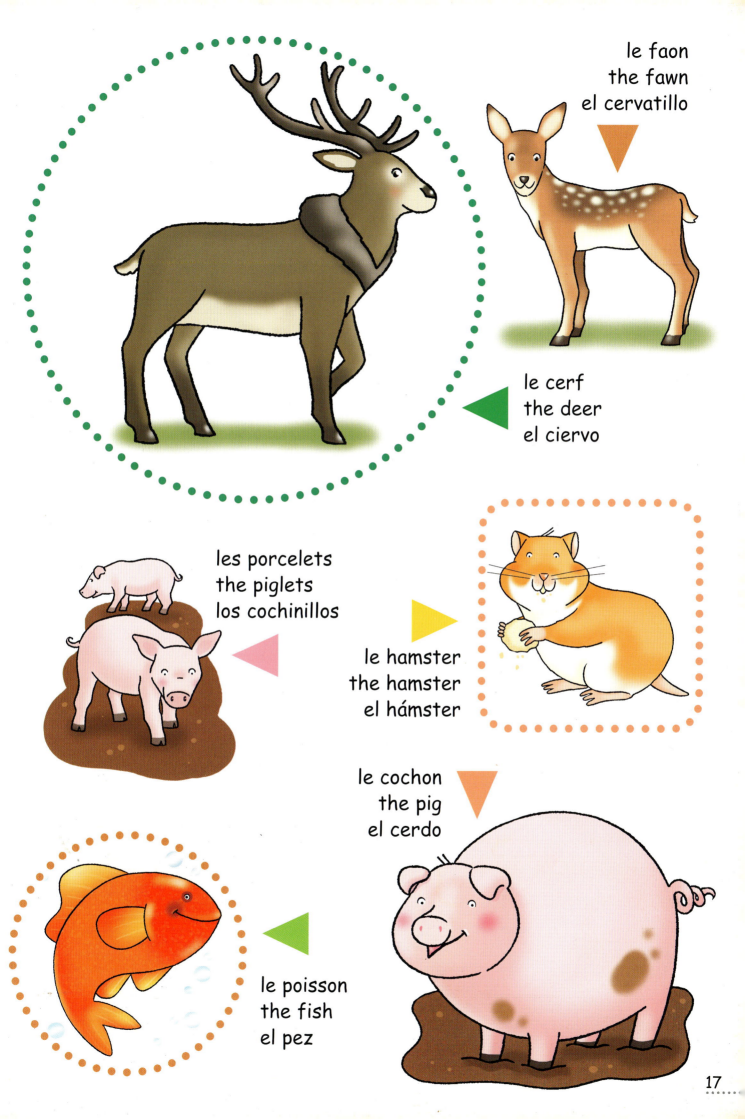

La nourriture
Food • La comida

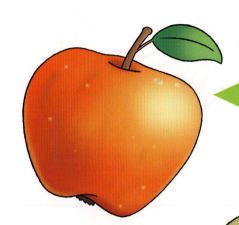

la pomme
the apple
la manzana

la banane
the banana
el plátano

le melon
the melon
el melón

la pastèque
the watermelon
la sandía

l'ananas
the pineapple
la piña

l'orange
the orange
la naranja

les tomates
the tomatoes
los tomates

l'oignon
the onion
la cebolla

les artichauts
the artichokes
las alcachofas

les poivrons
the peppers
los pimientos

les radis
the radishes
los rábanos

le chou-fleur
the cauliflower
la coliflor

la bière
the beer
la cerveza

le jus d'orange
the orange juice
el zumo de naranja

le thé
the tea
el té

les frites
the chips
las patatas fritas

le vin
the wine
el vino

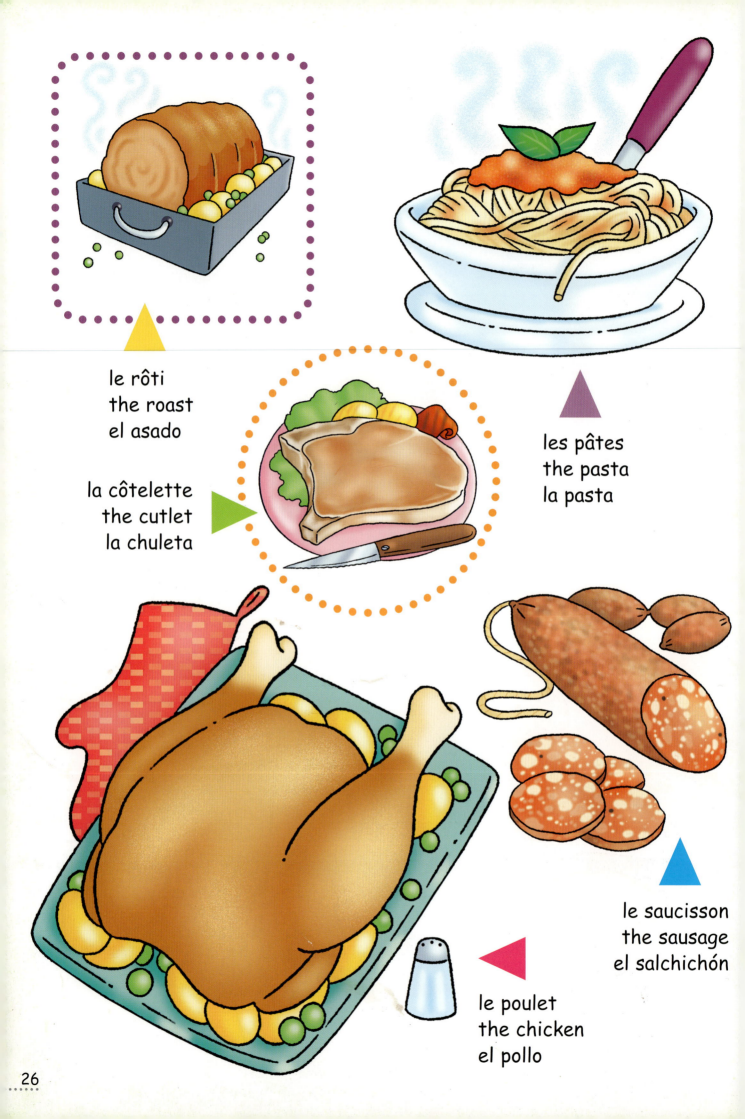

le rôti
the roast
el asado

la côtelette
the cutlet
la chuleta

les pâtes
the pasta
la pasta

le saucisson
the sausage
el salchichón

le poulet
the chicken
el pollo

La famille
Family • La familia

la famille
the family
la familia

le père
the father
el padre

la mère
the mother
la madre

Les vêtements
Clothing • La ropa

la salopette
the dungarees
el pantalón de peto

le costume
the suit
el traje

les chaussettes
the socks
los calcetines

le manteau
the coat
el abrigo

les maillots de bain
the swimsuits
los bañadores

le bermuda
the Bermuda shorts
el bermudas

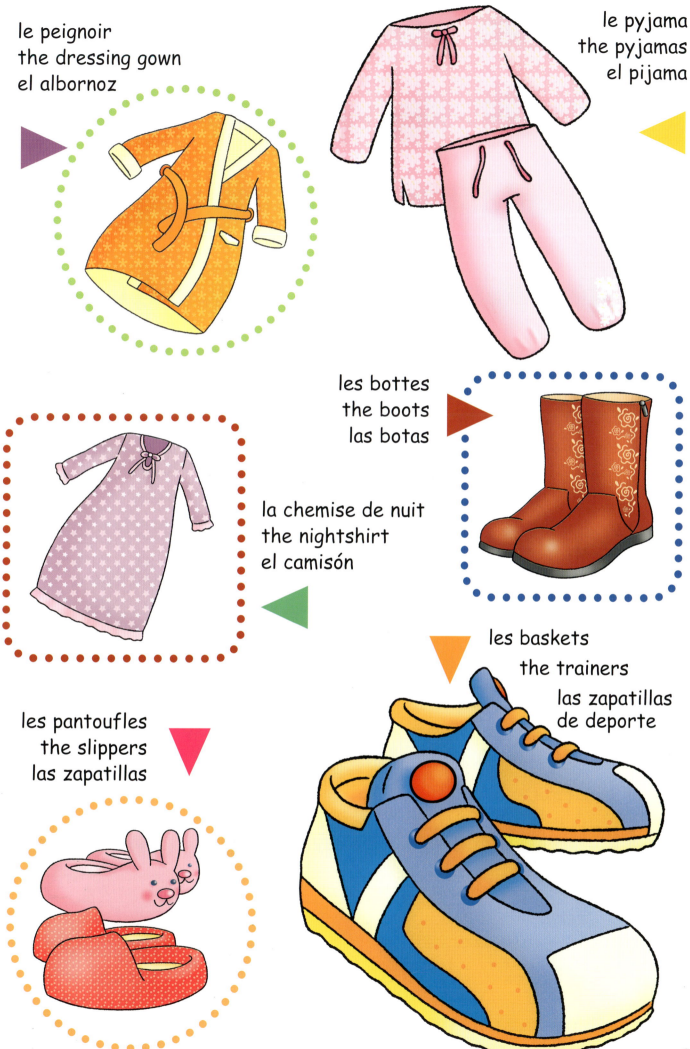

les chapeaux
the hats
los sombreros

les sandales
the sandals
las sandalias

les bonnets
the woolly hats
los gorros

le déguisement
the disguise
el disfraz

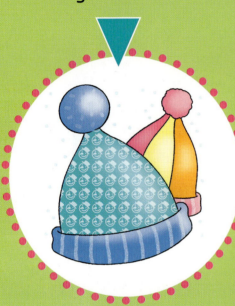

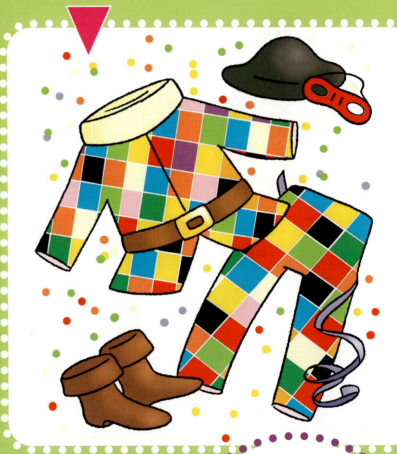

l'anorak
the anorak
el anorak

l'uniforme
the uniform
el uniforme

Les métiers
The professions • Los oficios

l'infirmière
the nurse
la enfermera

le pompier
the fireman
el bombero

le médecin
the doctor
el médico

l'artiste peintre
the painter
el pintor

le maçon
the builder
el albañil

la vétérinaire
the vet
la veterinaria

 l'électricien
the electrician
el electricista

le plombier
the plumber
el fontanero

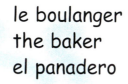 le boulanger
the baker
el panadero

 le boucher
the butcher
el carnicero

le mécanicien
the mechanic
el mecánico

le cuisinier
the chef
el cocinero

Les sports
Sports
Los deportes

le basketteur
the basketball player
el jugador de baloncesto

le joueur de tennis
the tennis player
el tenista

le gardien de but
the goalkeeper
el portero

l'arbitre
the referee
el árbitro

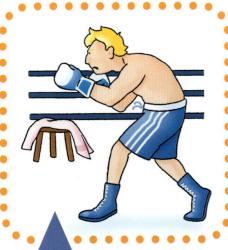

le boxeur
the boxer
el boxeador

le joueur de football
the footballer
el futbolista

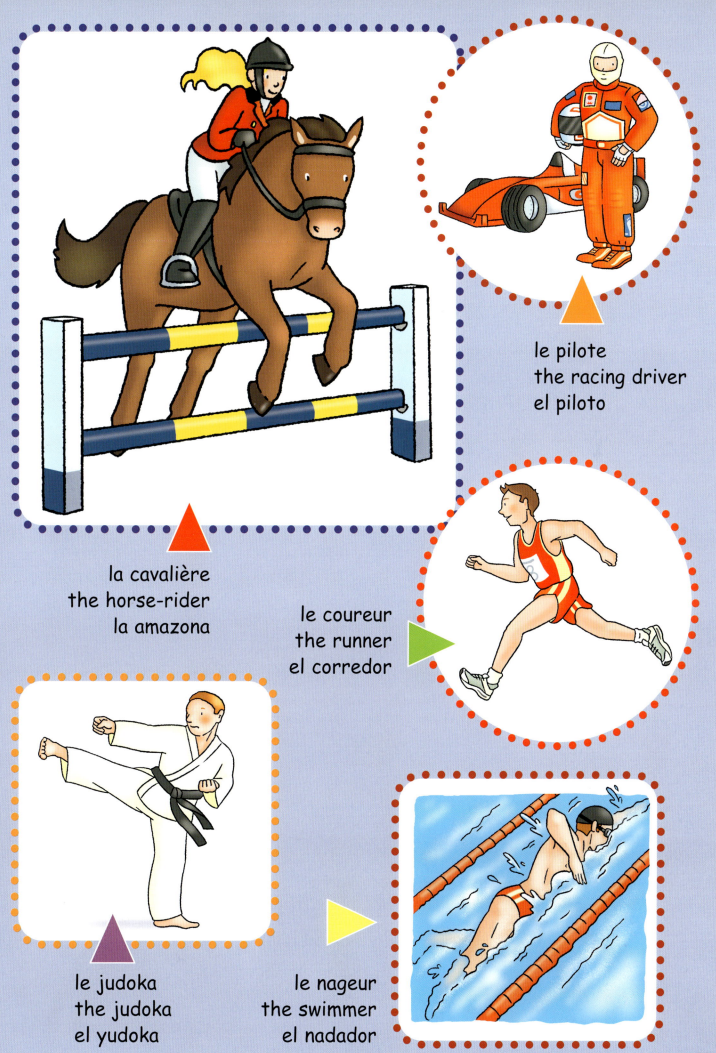

Les jeux
Games • Los juegos

le bac à sable
the sandpit
el parquecito de arena

les rollers
the roller blades
los patines

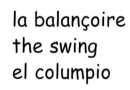

la balançoire
the swing
el columpio

le toboggan
the slide
el tobogán

le tricycle
the tricycle
el triciclo

les ballons
the balls
los balones

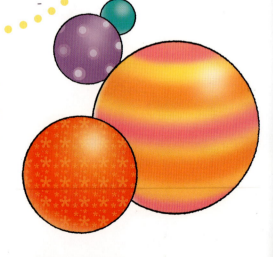

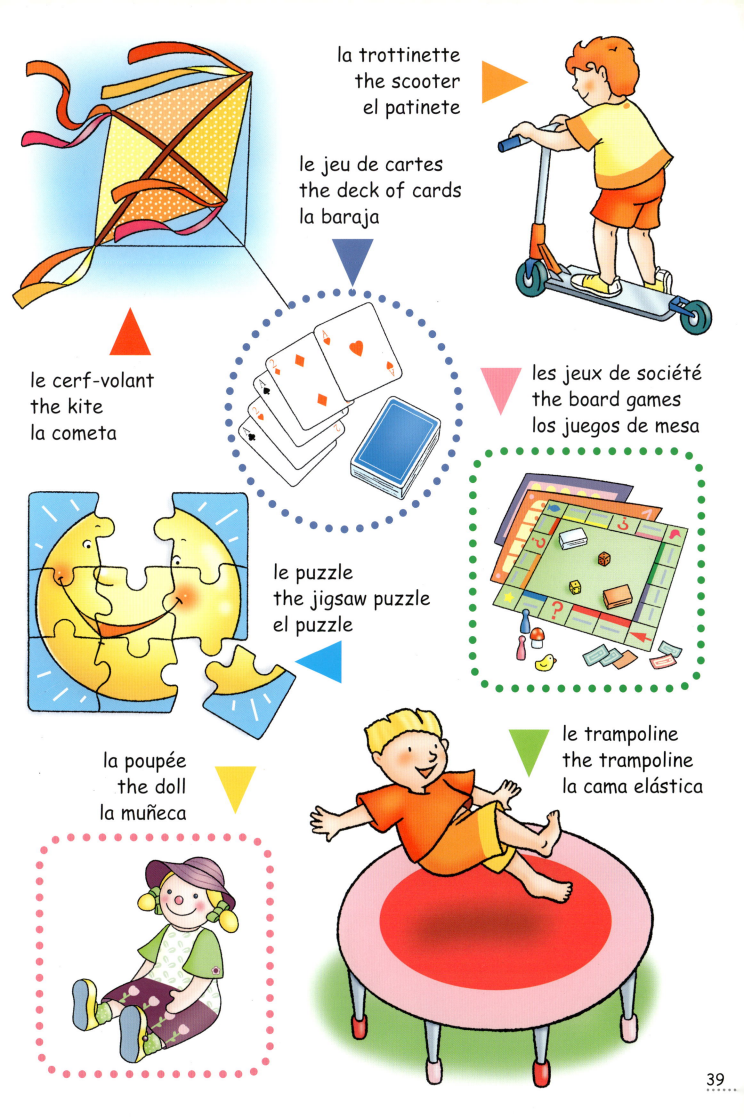

Le cirque
The circus
El circo

le magicien
the magician
el mago

le clown
the clown
el payaso

le dompteur
the tamer
el domador

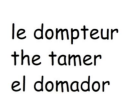

le jongleur
the juggler
el malabarista

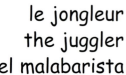

la trapéziste
the trapeze artist
la trapecista

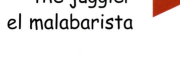
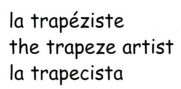

le chapiteau
the big top
la carpa

La ferme
The farm • La granja

la ferme
the farm
la granja

la grange
the barn
el granero

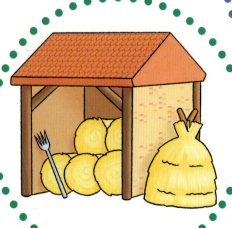

l'agriculteur
the farmer
el agricultor

l'étable
the cowshed
el establo

le poulailler
the hen house
el gallinero

la ruche
the beehive
la colmena

la niche
the kennel
la caseta del perro

l'épouvantail
the scarecrow
el espantapájaros

le clapier
the rabbit hutch
la conejera

l'écurie
the stables
la cuadra

Les habitations
Houses • Las viviendas

la maison
the house
la casa

les gratte-ciel
the skyscraper
los rascacielos

le chalet
the chalet
el chalet

l'immeuble
the block of flats
el edificio

le château
the castle
el castillo

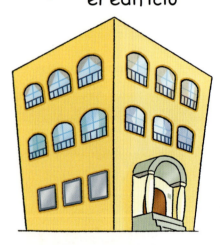

le moulin
the windmill
el molino

l'igloo
the igloo
el iglú

Dans la chambre

In the bedroom
En la habitación

le réveil
the alarm clock
el despertador

la table de chevet
the bedside table
la mesita de noche

le lit
the bed
la cama

l'oreiller
the pillow
la almohada

l'armoire
the wardrobe
el armario

la commode
the chest of drawers
la cómoda

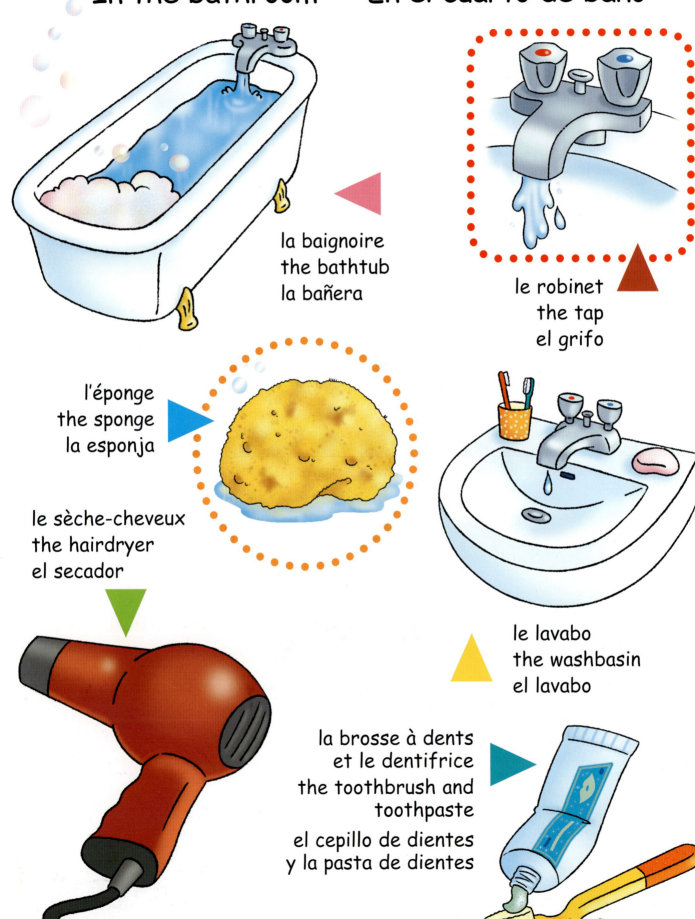

les toilettes
the toilet
el váter

les serviettes
the towels
las toallas

le savon et le shampoing
the soap and shampoo
el jabón y el champú

le peigne et la brosse
the comb and brush
el peine y el cepillo

la douche
the shower
la ducha

le miroir
the mirror
el espejo

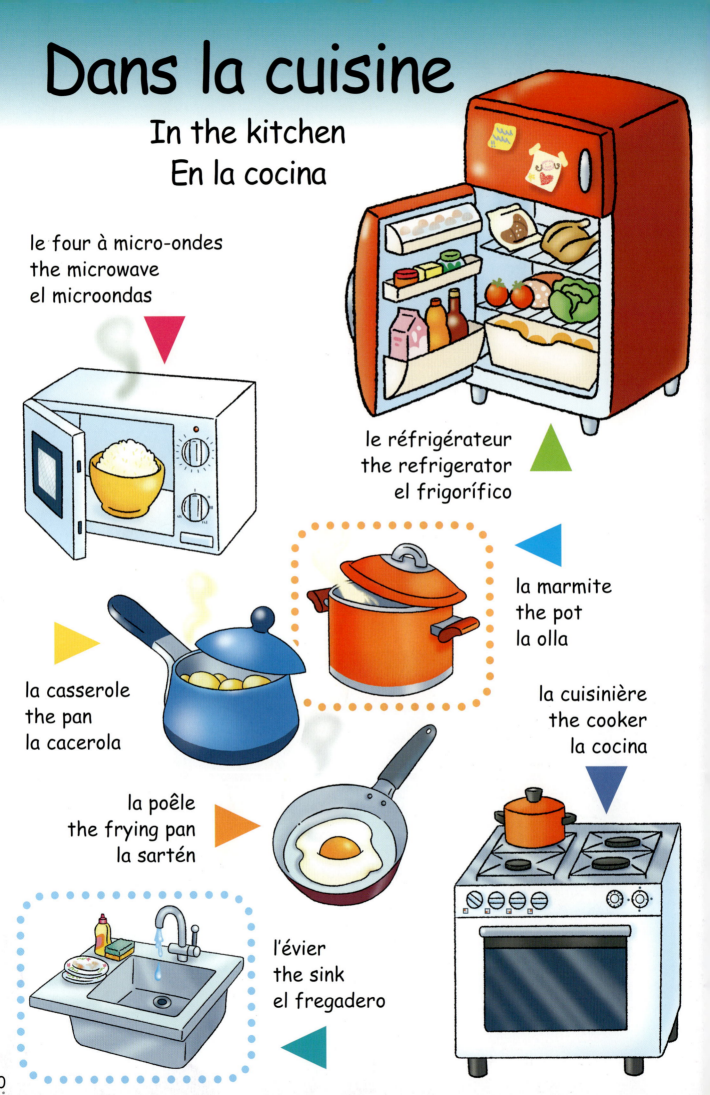

la tasse et la soucoupe
the cup and saucer
la taza y el platillo

les assiettes plates
the plates
los platos llanos

le bol
the bowl
el tazón

les coquetiers
the egg cups
las hueveras

les assiettes creuses
the soup plates
los platos hondos

les couverts
the cutlery
los cubiertos

l'ouvre-boîte et la boîte de conserve
the tin opener and tin
el abrelatas y la lata de conservas

le Thermos
the thermos flask
el termo

le tablier
the apron
el delantal

les poubelles
the bins
las basuras

le verre à vin et le verre à eau
the wine glass and the water glass
el vaso de vino y el vaso de agua

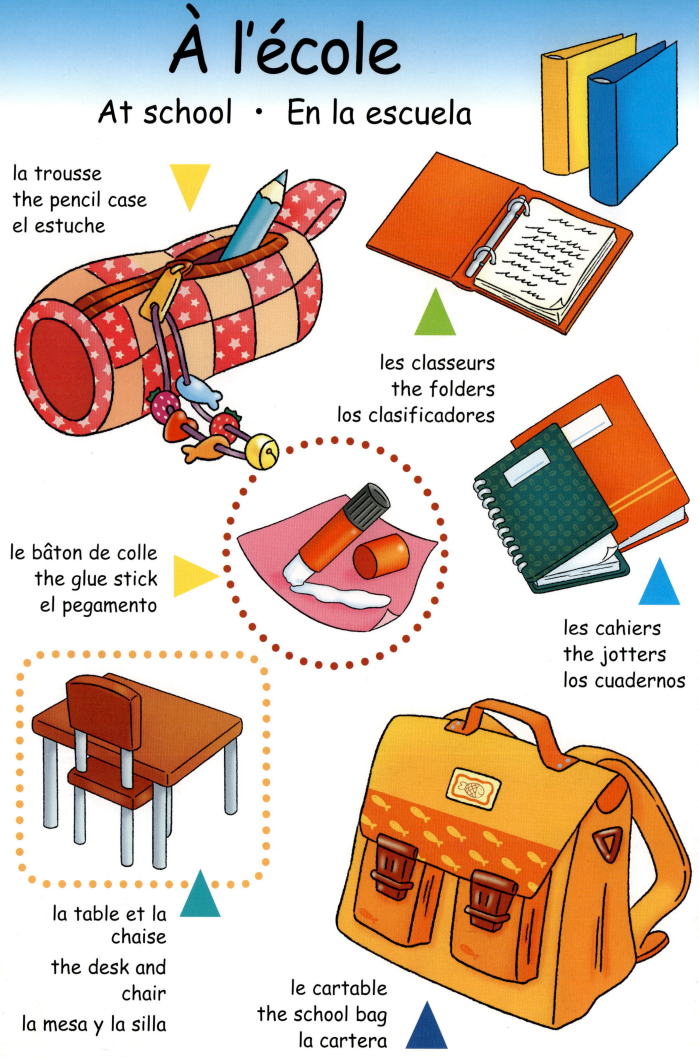

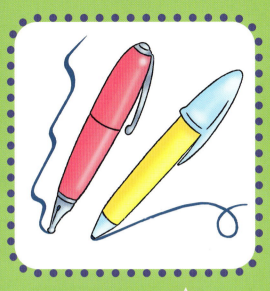

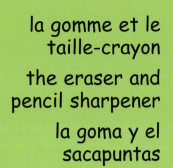

la gomme et le taille-crayon
the eraser and pencil sharpener
la goma y el sacapuntas

les stylos
the pens
los bolígrafos

le dessin
the drawing
el dibujo

les crayons de couleur
the colouring pencils
los lápices de colores

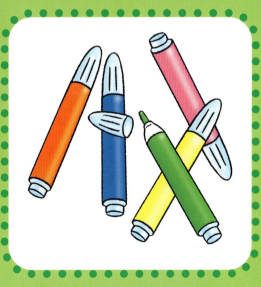

les feutres
the felt-tip pens
los rotuladores

Les moyens de transport

Means of transport
Los medios de transporte

l'avion
the plane
el avión

la voiture
the car
el coche

le camion
the lorry
el camión

la moto
the motorbike
la moto

les vélos
the bicycles
las bicicletas

le train
the train
el tren

l'autocar
the coach
el autocar

l'hélicoptère
the helicopter
el helicóptero

la camionnette
the van
la camioneta

le métro
the underground
el metro

le tram
the tram
el tranvía

le camping-car
the mobile home
la caravana

le tracteur
the tractor
el tractor

la montgolfière
the hot-air balloon
el globo

le bateau de pêche
the fishing boat
el barco de pesca

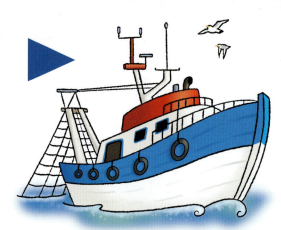

le téléphérique
the cable car
el teleférico

le voilier
the sailing boat
el velero

le paquebot
the cruise liner
el buque

la fusée
the space rocket
el cohete

le sous-marin
the submarine
el submarino

Dans la ville
The city centre
En la ciudad

la librairie
the bookshop
la librería

le restaurant
the restaurant
el restaurante

la boulangerie
the baker's shop
la panadería

l'épicerie
the greengrocer's shop
la tienda de comestibles

le garage
the garage
el garaje

la parfumerie
the perfume shop
la perfumería

la boucherie
the butcher's shop
la carnicería

le salon de coiffure
the hair salon
la peluquería

la poissonnerie
the fishmonger's shop
la pescadería

le tribunal
the court
el juzgado

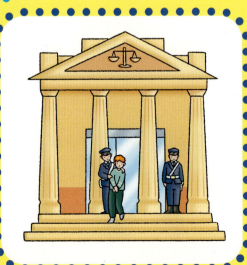

la pharmacie
the chemist's shop
la farmacia

l'hôpital
the hospital
el hospital

la statue
the statue
la estatua

le kiosque à musique
the bandstand
el quiosco de música

la fontaine
the fountain
la fuente

le banc
the bench
el banco

Les objets de tous les jours
Everyday objects
Los objetos cotidianos

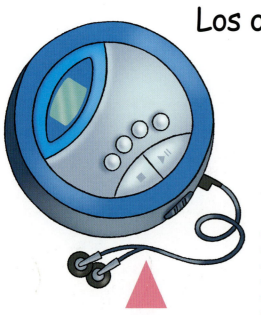

le baladeur
the walkman
el walkman

la montre
the watch
el reloj

le portefeuille
the wallet
el monedero

les lunettes
the glasses
las gafas

la poussette
the buggy
el cochecito

le téléphone portable
the mobile telephone
el teléfono móvil

les clés
the keys
las llaves

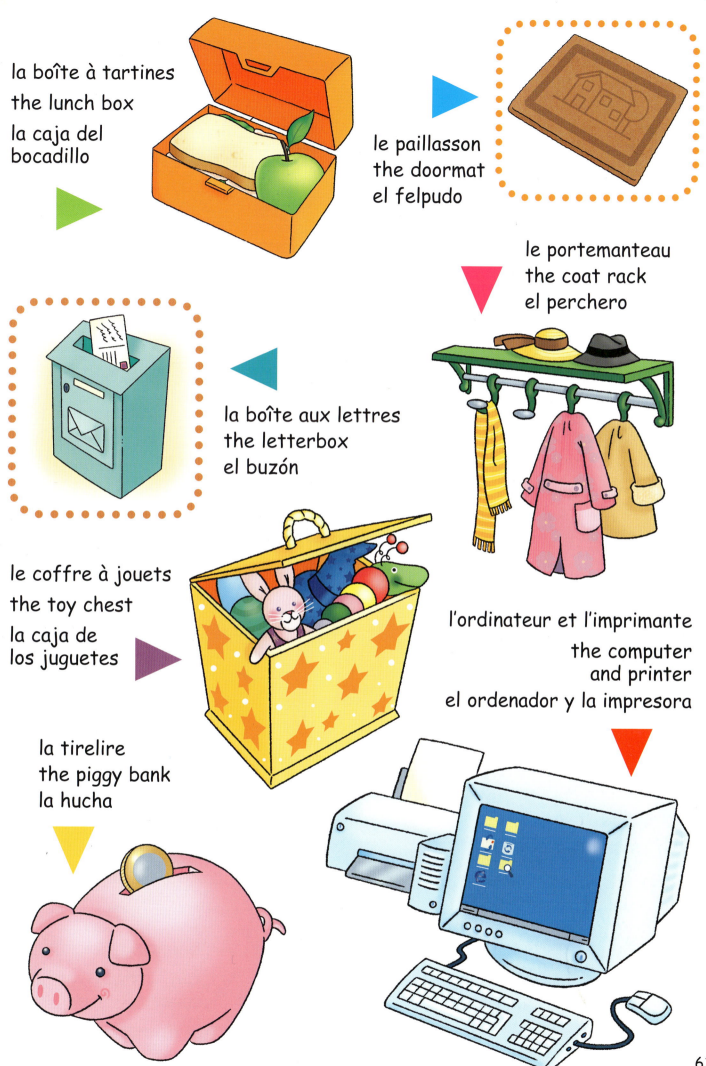

Les outils
Tools
Las herramientas

le marteau et les clous
the hammer and nails
el martillo y los clavos

le pot de peinture et le pinceau
the pot of paint and paintbrush
el bote de pintura y la brocha

la boîte à outils
the toolbox
la caja de herramientas

la perceuse
the drill
la taladradora

la scie
the saw
la sierra

les tenailles
the pliers
las tenazas

le tournevis et les vis
the screwdriver and screws
el destornillador y los tornillos

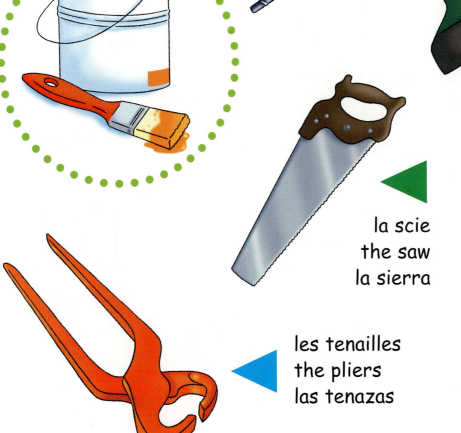

En vacances

On holiday • De vacaciones

la valise
the suitcase
la maleta

l'aéroport
the airport
el aeropuerto

le sac à dos
the rucksack
la mochila

l'appareil photo
the camera
la cámara de fotos

les cartes postales
the postcards
las postales

le Caméscope
the camcorder
la cámara de vídeo

le transat
the deckchair
la tumbona

le parasol
the parasol
la sombrilla

la bouée
the rubber ring
el flotador

le masque et le tuba
the goggles and snorkel
las gafas de buceo y el tubo de respiración

les palmes
the flippers
las aletas

le Pédalo
the pedal boat
la barca a pedales

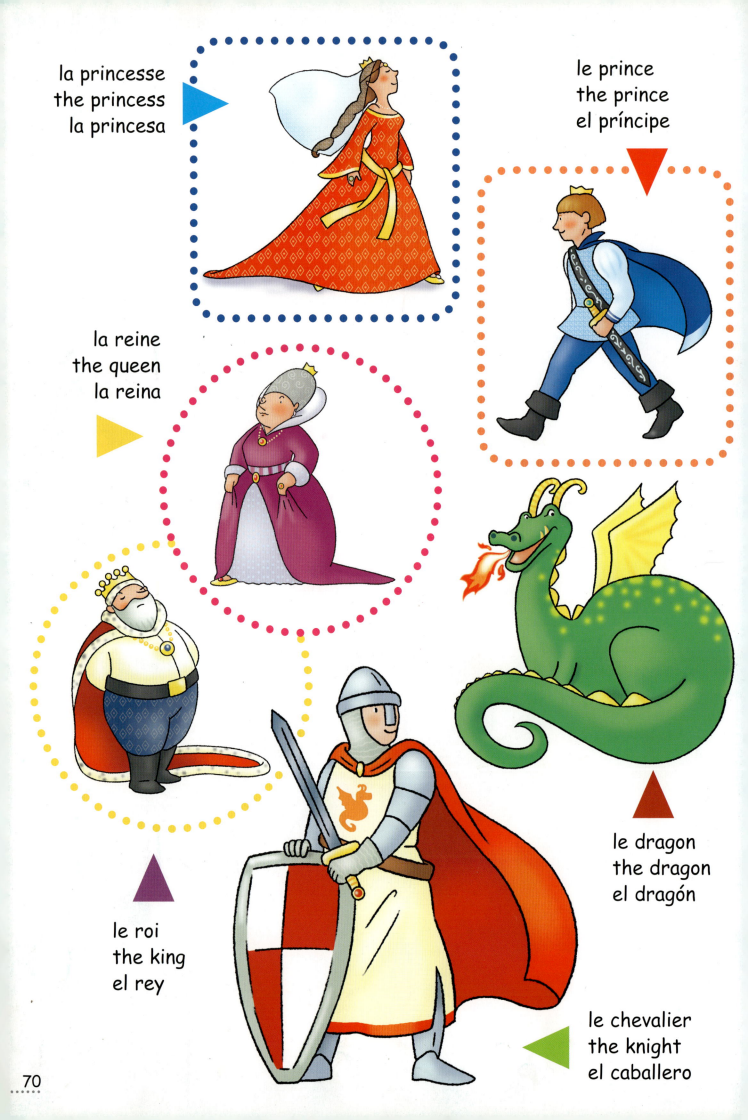

le pirate
the pirate
el pirata

le fantôme
the ghost
el fantasma

le shérif
the sheriff
el sheriff

l'Indien
the Indian
el indio

le cow-boy
the cowboy
el vaquero

INDEX

abeille	12
abricot	20
accordéon	41
aéroport	66
agneau	7
agriculteur	42
aigle	15
album photo	68
ananas	18
âne	8
animal	**6**
anorak	32
appareil photo	66
aquarium	46
arbitre	36
armoire	45
artichaut	21
artiste peintre	34
aspirateur	53
assiette creuse	51
assiette plate	51
autocar	57
automne	3
autruche	14
avion	56
bac à sable	38
baguette	22
baignoire	48
baladeur	62
balançoire	38
baleine	11
ballon	38
banane	18
banc	61
basket	31
basketteur	36
bateau de pêche	58
bâton de colle	54
batterie	41
bébé	29
bermuda	30
beurre	25
bière	24
boîte à outils	64
boîte à tartines	63
boîte aux lettres	63
boîte de conserve	52
bol	51
bonnet	32
botte	31
boucher	35
boucherie	60
bouée	67
bougie	47
boulanger	35
boulangerie	59
bouquetin	14
boussole	68
boxeur	36
brosse à dents	48
brosse	49
brouette	65
buanderie	**53**
cactus	5
café	23
cahier	54
Caméscope	66
camion	56
camionnette	57
camping-car	57
canapé	46
canari	8
carotte	20
cartable	54
carte postale	66
casserole	50
cavalière	37
céleri	20
cerf	17
cerf-volant	39
cerise	19
chaîne stéréo	47
chaise	54
chalet	44
chambre	**45**
chameau	13
champignon	22
chapeau	32
chapiteau	40
chat	6
château	44
chaussette	30
chemise	33
chemise de nuit	31
cheval	7
chevalier	70
chèvre	8
chevreau	8
chien	6
chocolat	23
chou-fleur	21
cigogne	14
cirque	**40**
citron	19
clapier	43
classeur	54
clé	62
clou	64
clown	40
coccinelle	10
cochon	17
coffre à jouets	63
commode	45
confiture	23
coq	6
coquelicot	2
coquetier	51
costume	30
côtelette	26
coureur	37
couverts	51
cow-boy	71
crabe	11
crayon de couleur	55
crocodile	9
croissant	22
cuisine	**50**
cuisinier	35
cuisinière	50
cygne	16
dauphin	11
déguisement	32
dentifrice	48
désert	5
dessin	55
dompteur	40
douche	49
dragon	70
dromadaire	13
eau	25
échelle	65
école	**54**
écureuil	12
écurie	43
électricien	35
éléphant	8
épicerie	59
éponge	48
épouvantail	43
escabeau	65
escargot	10
étable	42
été	3
étoile	4
étoile de mer	11
évier	50
famille	**28**
fantôme	71
faon	17
fauteuil	46
fée	69
fer à repasser	53
ferme	**42**
feutre	55
fille	29
fils	29
flamant rose	15
fontaine	61
forêt	2
fougère	2
four à micro-ondes	50
fourche	65
fraise	20
framboise	20
frite	24
fromage	25
fusée	58
garage	59
gardien de but	36
gâteau	23
géant	69
girafe	9
glace	27
gomme	55
grand-mère	29
grand-père	29
grange	42
gratte-ciel	44
grenouille	11
guépard	10
guitare	41
habitation	**44**
hache	65
hamac	68
hamster	17
hélicoptère	57
hérisson	12
hêtre	5
hibou	15
hippopotame	8
hirondelle	15
hiver	3
homard	11
hôpital	61
iceberg	2
igloo	44
île	4
immeuble	44
imprimante	63
Indien	71
infirmière	34
instrument de musique	**41**
jambon	27
jeu	**38**
jeu de cartes	39
jeu de société	39
jongleur	40
joueur de football	36
joueur de tennis	36
judoka	37
jumelles	68
jupe	33
jus d'orange	24
kangourou	10
kiosque à musique	61
lait	25
laitue	20
lampe	47
lapin	16
lavabo	48
léopard	10

librairie 59	père 28	serviette 49
lièvre 12	perroquet 15	shampoing 49
limace 10	phare 68	shérif 71
lion 9	pharmacie 61	singe 8
lit 45	phoque 16	soleil 2
livre 47	piano 41	sorcière 69
lune 4	pigeon 14	soucoupe 51
lunettes 62	pilote 37	soupe 27
lunettes de soleil 68	pinceau 64	souris 10
lutin 69	pirate 71	sous-marin 58
machine à laver 53	planche à repasser 53	**sport** **36**
maçon 34	plante 47	statue 61
magicien 40	plombier 35	steak 25
maillot de bain 30	poêle 50	stylo 55
maïs 22	poire 19	sucre 23
maison 44	poisson 17	table 54
manchot 16	poissonnerie 60	table de chevet 45
mandarine 20	poivron 21	tablier 52
manteau 30	pomme 18	taille-crayon 55
marguerite 5	pommier 4	tambour 41
marmite 50	pompier 34	tapis 46
marmotte 13	porcelet 17	tarte 22
marteau 64	portefeuille 62	tasse 51
masque 67	portemanteau 63	taureau 7
mécanicien 35	pot de peinture 64	tee-shirt 33
médecin 34	potiron 22	téléphérique 58
melon 18	poubelle 52	téléphone portable 62
mère 28	poulailler 43	télévision 46
métier **34**	poulain 7	tenailles 64
métro 57	poule 6	tente 68
miel 23	poulet 26	thé 24
miroir 49	poupée 39	Thermos 52
moineau 14	poussette 62	tigre 9
montagne 2	poussin 6	tirelire 63
montgolfière 58	prince 70	toboggan 38
montre 62	princesse 70	toilettes 49
moto 56	printemps 3	tomate 21
mouette 14	prune 19	tondeuse à gazon 65
moulin 44	pull-over 33	toucan 15
mouton 7	puzzle 39	tournevis 64
moyen de transport **56**	pyjama 31	tracteur 57
muguet 5	radis 21	train 56
nageur 37	raisin 19	tram 57
nature **2**	raquette de tennis 68	trampoline 39
niche 43	râteau 65	transat 67
nourriture **18**	réfrigérateur 50	trapéziste 40
ogre 69	reine 70	tribunal 60
oie 6	renard 12	tricycle 38
oignon 21	renne 16	trompette 41
orange 18	restaurant 59	trottinette 39
ordinateur 63	réveil 45	trousse 54
oreiller 45	rhinocéros 9	tuba 67
ours blanc 16	riz 27	tulipe 2
ours brun 13	robe 33	tuyau d'arrosage 65
outil **64**	robinet 48	uniforme 32
ouvre-boîte 52	roi 70	**vacances** **66**
paillasson 63	roller 38	vache 7
pain 22	rose 3	valise 66
palme 67	rôti 26	vase 46
palmier 5	ruche 43	veau 7
pamplemousse 19	sac à dos 66	vélo 56
panier à linge 53	**saison** **3**	verre à eau 52
pantalon 33	**salle de bains** **48**	verre à vin 52
pantoufle 31	**salon** **46**	**vêtement** **30**
papillon 13	salon de coiffure 60	vétérinaire 34
paquebot 58	salopette 30	**ville** **59**
parasol 67	sandale 32	vin 24
parc 47	sandwich 27	violon 41
parfumerie 60	sanglier 12	vis 64
pastèque 18	sapin 4	voilier 58
pâte 26	saucisson 26	voiture 56
pêche 19	sauterelle 13	volcan 3
pédalo 67	savon 49	yaourt 25
peigne 49	scie 64	zèbre 9
peignoir 31	sécateur 65	
pelle 65	sèche-cheveux 48	
perceuse 64	serpent 13	

INDEX